Pilze

Robin Twiddy

corona
Ars Scribendi Verlag

Erforsche den Wald

Originaltitel: Forest Explorer: Mushrooms and Fungi © 2018 BookLife Publishing

Übersetzung: Christina Klüyken, BVK Buch Verlag Kempen GmbH
Redaktion: Simone Mann; Sandy Willems-van der Gieth, BVK Buch Verlag Kempen GmbH
DTP deutsche Ausgabe: Freek Kuijstermans
Gedruckt in China

ISBN 978-94-6341-571-2

Kontaktieren Sie lektorat@coronalesen.de oder besuchen Sie: **www.coronalesen.de**.
Fragen zu den Veröffentlichungen von Ars Scribendi richten Sie bitte an den Herausgeber.
Der Herausgeber übernimmt keine Verantwortung für Fehler oder Missverständnisse.

Rechenschaftspflicht
Der Herausgeber dankt den folgenden Personen und Organisationen für die Erlaubnis, ihr Material in dieser Publikation zu verwenden und zu reproduzieren: © Shutterstock.com, Getty Images, Thinkstock Photo und iStockphoto: Cover – Fotofermer, hddigital, valzan, EtiAmmos, Chantal de Bruijne, Videopoint, Andrey Jitkov, 1 - diamant24, 2 - allstars, 3 - Yogamreet, 4 - attila, 5 - drpnncpptak, specnaz, Jalisko, 6 - Monkey Business Images, Denis508, 7 - Maria Evseyeva, 8 - PHOTO FUN, 9 - Dmytro Ostapenko, 10 - Nadia Brusnikova, 11 - Elina Yevgrashkina, 12 - LaineN, 13 - Hatchapong Palurtchaivong, 14 - Barry Blackburn, 15 - photo_pw, 16 - Michal Ninger, 17 - Charles Gammon, 18 - Mike Nash, 19 - Nitr, Isabel Eve, 20 - Dora Zett, 21 - aing1970, 22 - KateMacate, 23 - Arie v.d. Wolde, wavebreakmedia.

Mehr Informationen über unser Programm finden Sie auf **www.coronalesen.de**.
Bestellen können Sie über unsere Webseite oder über den (Online-)Buchhandel.

Inhaltsverzeichnis

Einige Wörter sind **fett** gedruckt.
Erklärungen findest du auf Seite 24 im Glossar.

Lass uns forschen!

Willkommen, Waldforscher!

Heute suchen wir im Wald nach Pilzen. Wir werden herausfinden, was Pilze überhaupt sind, wie sie aussehen und wo man sie finden kann.

Die richtige Ausrüstung

Ein Waldforscher braucht:

Kamera

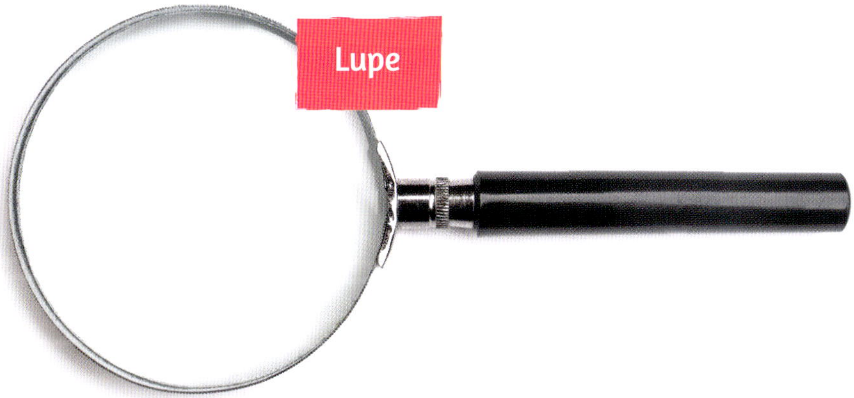

Lupe

Notizbuch

Wanderschuhe

Sei vorsichtig!

Wenn wir den Wald erkunden wollen, müssen wir auf uns aufpassen. Nimm immer einen Erwachsenen mit, wenn du in den Wald gehst.

Manche Pilze sind essbar. Aber es gibt auch sehr **giftige** Pilze.
Sei vorsichtig und fasse nur Pilze an, die du genau kennst.

Was sind Pilze?

Schleimpilz

Pilze sind keine Pflanzen und keine Tiere. Sie sind eine andere Art von Lebewesen. Zu den Pilzen gehören zum Beispiel die Hutpilze und die Schimmelpilze.

Wenn wir Pilz sagen, meinen wir meistens den **Fruchtkörper.** Das sind Hut und Stiel des Pilzes. Für den Pilz ist dieser Fruchtkörper wie eine Kastanie für den Baum. Der größte Teil des Pilzes ist unter der Erde. Man nennt die fadenförmigen Zellen **Myzelien.** Pilze verlieren keine Samen wie Pflanzen. Stattdessen verteilen sie **Sporen.**

Wo wachsen Pilze?

Pilze wachsen gern an feuchten Orten. Außerdem wachsen sie oft direkt bei ihrer Nahrung, zum Beispiel an Bäumen oder heruntergefallenen Ästen.

Dieser Honiggelbe Hallimasch wächst mit Moos an einem Baum.

Pilze gibt es in vielen verschiedenen Größen, Formen, Farben und Mustern. Manche wachsen sehr langsam und manche wachsen sehr schnell.

Jahreszeiten

Steinpilz

Manche Pilze wachsen nur zu bestimmten Jahreszeiten.
Andere Pilze findest du das ganze Jahr im Wald.

Mache dir Notizen über die Pilze, die du im Sommer im Wald siehst. Findest du die gleichen Pilze auch im Winter?

Auf Seite 22 erfährst du, wie du dir auf deiner Erkundung am besten Notizen machst.

Pilz-Arten

Es gibt sehr viele verschiedene Pilz-Arten. Es gibt zum Beispiel Giftpilze oder Ständerpilze. Schlauchpilze sind eine andere Pilzart. Sie wachsen in merkwürdigen, gewellten Formen.

Trüffel sind sehr seltene Schlauchpilze. Sie werden zum Kochen verwendet.

Das ist eine Flechte. Das heißt, hier leben eine Alge und ein Pilz zusammen.
Das nennt man **Symbiose.**

Nicht alle Pilze wachsen im Wald, in der Erde oder an der Baumrinde. Manche Pilze leben in Mägen von Tieren und helfen bei der **Verdauung.**

Pilze als Nahrung

Dachs

Viele Waldtiere fressen gern wilde Pilze. Einige große Tiere, die Pilze fressen, sind zum Beispiel Dachse, Rehe und Wildschweine.

Einige kleinere Tiere, die im Wald leben und Pilze fressen, sind zum Beispiel: Eichhörnchen, Mäuse, Schnecken, Ameisen und andere Insekten.

Dieses Eichhörnchen freut sich, dass es einen großen Pilz gefunden hat.

Aufgaben von Pilzen

Pilze spielen im Wald eine wichtige Rolle. Sie ernähren sich von Nährstoffen in abgestorbenen Blättern und Bäumen.

Dieser Pilz ernährt sich von heruntergefallenen Blättern.

Mehrere Pilze versuchen, diesen Holzstamm zu zerkleinern und zu zersetzen.

Pilze ernähren sich von alten Blättern und umgestürzten Bäumen. Dadurch reinigen sie den Wald von abgestorbenen Pflanzen. Sie hinterlassen dabei **Nährstoffe** im Boden. So helfen sie dem Wald, zu wachsen und gesund zu bleiben.

Pilze sammeln

MANCHE PILZE SIND GIFTIG. WENN DU SIE BERÜHRST, KANNST DU KRANK WERDEN. FRAGE ALSO IMMER EINEN EXPERTEN.

Viele Menschen sammeln im Wald Pilze. Wenn du das auch tun möchtest, solltest du immer einen Erwachsenen dabeihaben. Nur ein Experte kann die Pilze erkennen.

Es gibt sehr giftige Pilze. Du solltest also immer aufpassen und sehr vorsichtig sein. Fasse die Pilze nicht einfach an. Benutze deine Lupe, um dir die Pilze genauer anzuschauen.

Knollenblätterpilz
Achtung: sehr giftig!

Schreibe auf, welche Pilze du schon gefunden hast.

Notizen machen

Auf deinen Erkundungen durch den Wald findest du sicher viele verschiedene Pilze. Es ist wichtig, sich genaue Notizen zu machen. So kannst du später bestimmen, welchen Pilz du gefunden hast.

Schreibe dir die Farbe, die Größe und besondere Merkmale des Pilzes auf.

Fliegenpilz
Achtung: sehr giftig!

Pilze sind sehr interessant, wenn man sie sich ganz genau anschaut. Vielleicht findest du ja sogar eine neue Pilz-Art im Wald. Wie würdest du sie nennen?

Glossar

Fruchtkörper	Das ist der Teil einer Pflanze, der Samen enthält. Bei einem Pilz enthält der Fruchtkörper Sporen.
giftig	Etwas, was gefährlich oder sogar tödlich ist. Man sollte niemals etwas Giftiges essen!
Myzelien	fadenförmiges Pilzgeflecht unter der Erde
Nährstoffe	Das sind natürliche Stoffe, die Pflanzen und Pilze zum Wachsen brauchen.
Sporen	Winzige Teilchen, die Pilze in die Umgebung abgeben. So vermehren sie sich. Sporen sind für den Pilz wie Samen für die Pflanze.
Symbiose	So nennt man das Zusammenleben zwei verschiedener Arten, aus dem beide einen Vorteil ziehen.
Verdauung	Das ist das Zerlegen der Nahrung in einem Lebewesen. Dadurch werden Nährstoffe aufgenommen.

Index